キミも運動ができるようになる

2 なわとび、とび箱《ばこ》、鉄棒《てつぼう》 ほか

プロローグ

「運動神経《うんどうしんけい》がよいか鈍《にぶ》いか」そこに大きな差《さ》はない！

よく、こんな言われ方がされます。

「運動神経《うんどうしんけい》がよい」

「運動神経《うんどうしんけい》が鈍《にぶ》い」

あるいは、

「運動能力《うんどうのうりょく》が高い」

「運動能力《うんどうのうりょく》が低《ひく》い」

あなたは、どちらでしょうか？

もし、あなたが「運動神経《うんどうしんけい》が鈍《にぶ》い」「運動能力《うんどうのうりょく》が低《ひく》い」と感《かん》じていたとしたら、スポーツに積極的《せっきょくてき》に取《と》り組《く》めないことでしょう。

（私《わたし》は、運動神経《うんどうしんけい》が鈍《にぶ》いから、運動神経《うんどうしんけい》がよい人には勝《か》てない）

そんなふうに思ってはいませんか？

もし思っているのであれば、それは大間違《おおまちが》いです。

実《じつ》は、「運動神経《うんどうしんけい》がよい」と感《かん》じている人と、「運《うん》動神経《どうしんけい》が鈍《にぶ》い」と思《おも》い込《こ》んでしまっている人に大差《たいさ》はありません。そこにある差《さ》は、とっても小さなものです。

上手にカラダを動《うご》かす方法《ほうほう》に気づけているか、気

づけていないか、単《たん》にそれだけ――。

つまり、「運動神経《うんどうしんけい》がよい」と感《かん》じている人は、無《む》意識《いしき》のうちにカラダを上手に動《うご》かすコツをつかんでいて、「運動神経《うんどうしんけい》が鈍《にぶ》い」と思《おも》い込《こ》んでいる人は、そのコツにまだ気づけていないのです。

ならば、コツを知り、そのうえでカラダを動《うご》かしてみましょう。あなたの運動能力《うんどうのうりょく》は必《かなら》ず開花《かいか》します。

上手にカラダを動《うご》かすための「3つのコツ」を知ろう

では、コツとは何でしょうか?

それは、次《つぎ》の3つです。

①常《つね》に姿勢《しせい》をよくして動《うご》く。
②体幹《たいかん》の力を活《い》かしてカラダを動《うご》かす。
③上手な人の動《うご》きをしっかりと見てまね、「できる!」というイメージを自分の中につくる。

この3つのコツを、まずは頭に入れて、それからトレーニングを始《はじ》めてみてください。本書で紹介《しょうかい》するトレーニングは、何度《なんど》も何度《なんど》も繰《く》り返《かえ》し行えばよいというものではありません。効率《こうりつ》のよいカラダの動《うご》かし方《かた》に気づくことが目的《もくてき》です。

時に、「反復《はんぷく》」も必要《ひつよう》ですが、そのこと以上《いじょう》に「気づき」が大切なのです。

できなかったことが、できるようになる。

カラダを動《うご》かしながら、その喜《よろこ》びを味《あじ》わいましょう。

＊本書によく出てくる大切な用語

肩甲骨《けんこうこつ》とは……

左右の肩《かた》の部分《ぶぶん》にある三角形状《じょう》の骨《ほね》のこと。肩甲骨《けんこうこつ》のなめらかな動《うご》きは、走ったり、とんだりする際《さい》にはもちろんのこと、運《うん》動能力《どうのうりょく》アップには不可欠《ふかけつ》だ。

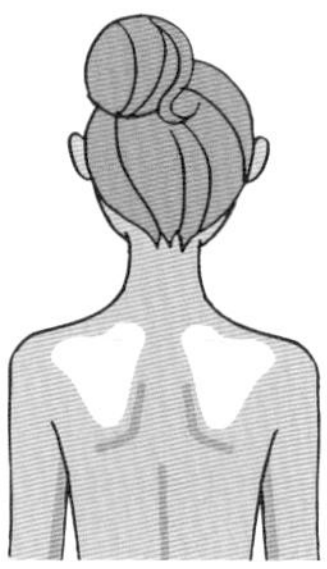

体幹《たいかん》とは……

カラダの幹《みき》となる部分《ぶぶん》、胴体《どうたい》のこと。走ったりジャンプしたりする際《さい》には、手や足の力に頼《たよ》ることなく、腹筋《ふっきん》を意識《いしき》して体幹《たいかん》を活用することが重要《じゅうよう》になる。

目次

ウォームアップ

〜トレーニングを始《はじ》める前に ストレッチでカラダをほぐそう〜

1 腕《うで》まわし （上半身《じょうはんしん》のストレッチ）

真《ま》っすぐに立ち、視線《しせん》は正面《しょうめん》に向《む》け両腕《りょううで》を下から上へ大きくまわします。ヒジは曲《ま》げずに、指先《ゆびさき》も、しっかり伸《の》ばして行いましょう。

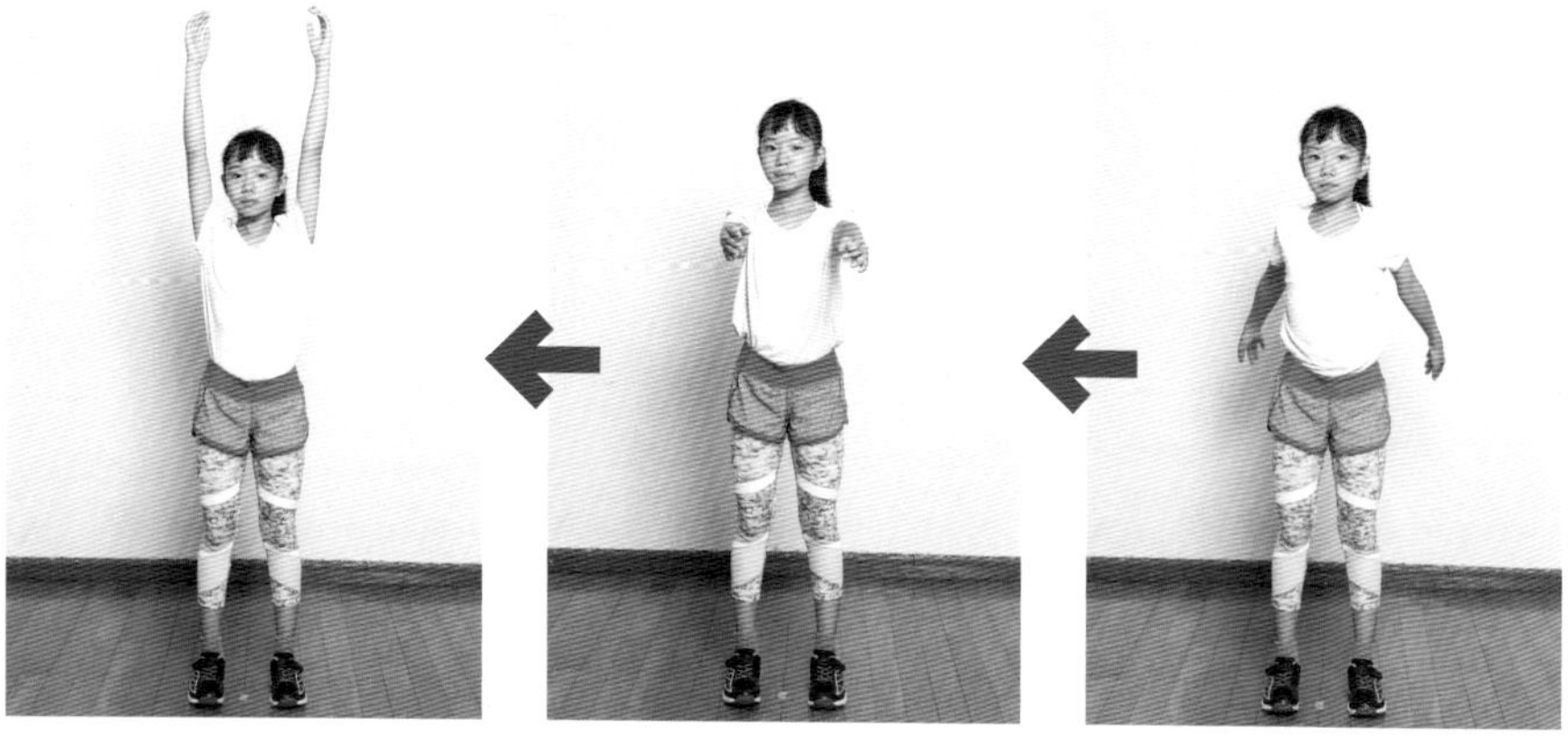

2 カラダ背面《はいめん》のストレッチ

ヒザを立てて座《すわ》り、両手《りょうて》のひらを床《ゆか》につけた姿勢《しせい》からバックロール。ヒザを額《ひたい》につけた状態《じょうたい》をキープします。

3 お腹《なか》のストレッチ

うつ伏《ぶ》せの姿勢《しせい》から上半《じょうはん》身《しん》を起《お》こし、視線《しせん》は正面《しょうめん》に向《む》けます。足の間隔《かんかく》は、肩幅《かたはば》ぐらいに開《ひら》き、この状態《じょうたい》をキープ。

運《うん》動《どう》を始《はじ》める前には、しっかりとカラダの準備《じゅんび》をしておきましょう。ストレッチでカラダをほぐしておくことで、パフォーマンスがアップ！　つまり、動《うご》きがよくなります。また、ケガも防《ふせ》げるのです。

4 股関節《こかんせつ》のストレッチ

〈前から見ると……〉

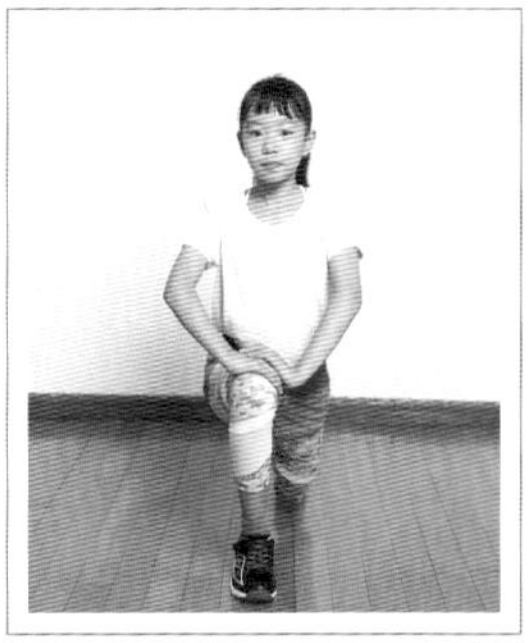

足を大きく前後に開《ひら》き、視線《しせん》は正面《しょうめん》に向《む》け両手《りょうて》をヒザの上で重《かさ》ねます。この姿勢《しせい》をキープ。左右逆《ぎゃく》パターンもやってみましょう。

5 胸《むね》のストレッチ

真《ま》っすぐに立ち、両手《りょうて》を背中《せなか》の後ろで組んでしっかりと後方に引きます。視線《しせん》は正面《しょうめん》に向《む》け、胸《むね》に意識《いしき》を置《お》きましょう。この姿勢《しせい》をキープ。

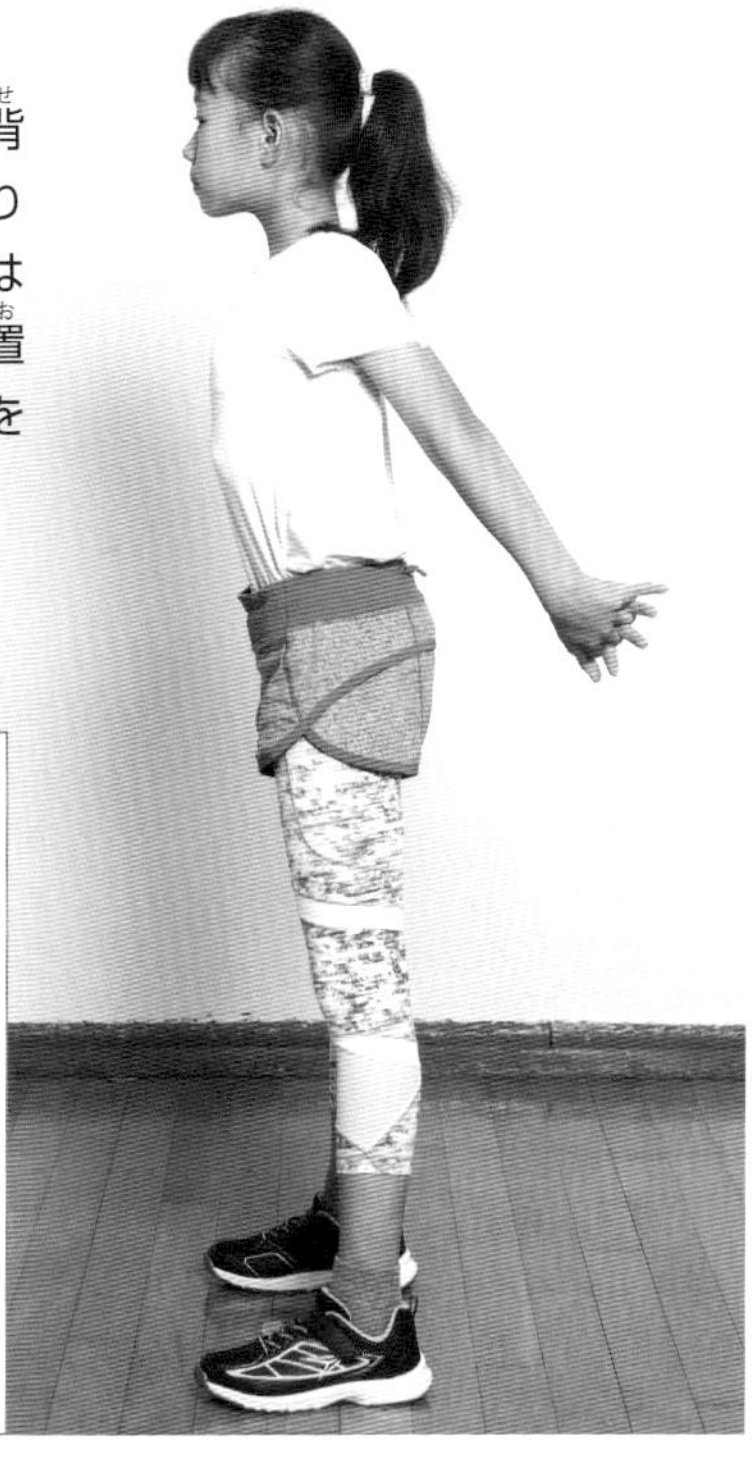

〈前から見ると……〉

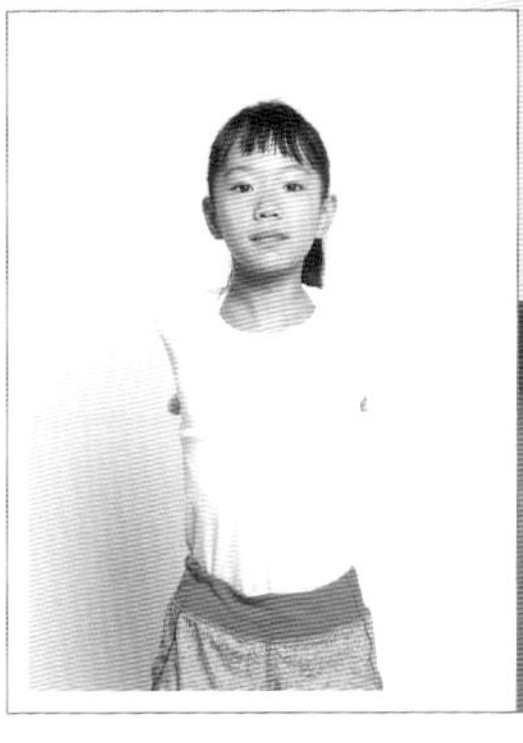

6 背中《せなか》のストレッチ

背中《せなか》を丸めるようにして、指《ゆび》を組んだ両腕《りょううで》を前へ伸《の》ばします。この姿勢《しせい》をキープ。

7 首のストレッチ

左手を後ろにまわし、右手を当てた頭を真横《まよこ》に倒《たお》します。左右逆《ぎゃく》パターンもやってみましょう。

〈後ろから見ると……〉

8 前屈《ぜんくつ》（太もも後面《こうめん》のストレッチ）

真《ま》っすぐに立ち、上体を前に倒《たお》します。床《ゆか》にべったりと手のひらがつかなくても大丈夫《だいじょうぶ》です。できる範囲《はんい》でやってみましょう。

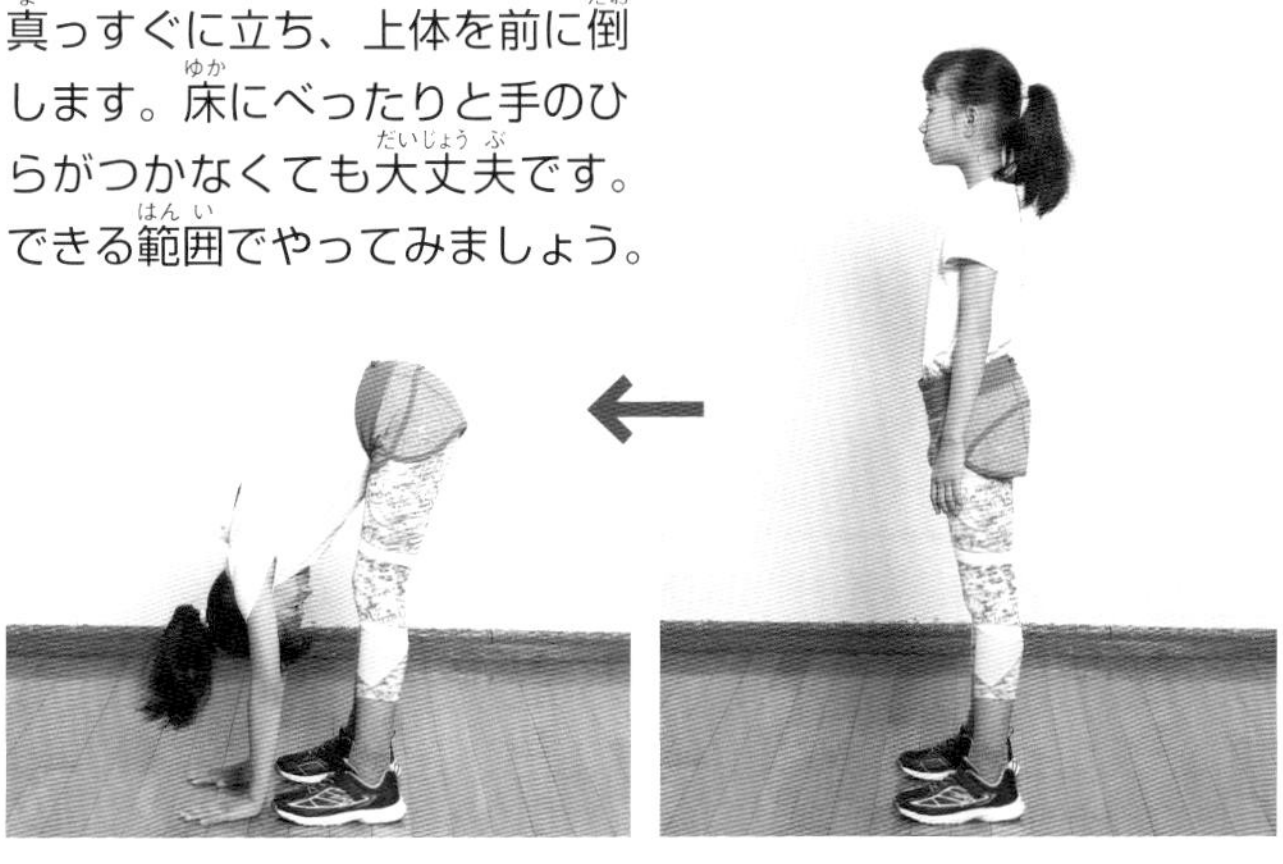

トレーニング

1

〈弾《はず》む!〉

片足《かたあし》でしっかりと立つ

なわとび、とび箱《ばこ》、マット運動《うんどう》、鉄棒《てつぼう》など、さまざまな運動《うんどう》を上手に行うためには、ひとつの大切なポイントがあります。それは、体幹《たいかん》の動《うご》きを活《い》かすこと。体幹《たいかん》の力を効率《こうりつ》よく使うためには、バランス感覚《かんかく》が欠《か》かせません。まずはカラダに軸《じく》をつくり、バランスを整《ととの》えます。片足《かたあし》で真《ま》っすぐに立ってみましょう。

真《ま》っすぐに立ち、ヒザを曲《ま》げた状態《じょうたい》で左足を上げる。ヒザの角度《かくど》は90度《ど》。

両腕《りょううで》を真《ま》っすぐに左右に伸《の》ばし、この姿勢《しせい》をキープ。左右逆《ぎゃく》パターンもやってみよう。

まずはバランス感覚《かんかく》を養《やしな》おう

○OK

視線《しせん》を正面《しょうめん》に向《む》け、真《ま》っすぐに立っている。

×NG

下を向《む》き、背中《せなか》が丸まってしまっている。

トレーニング

2

〈弾《はず》む!〉

全身《ぜんしん》バウンディングでカラダのバネを養《やしな》う

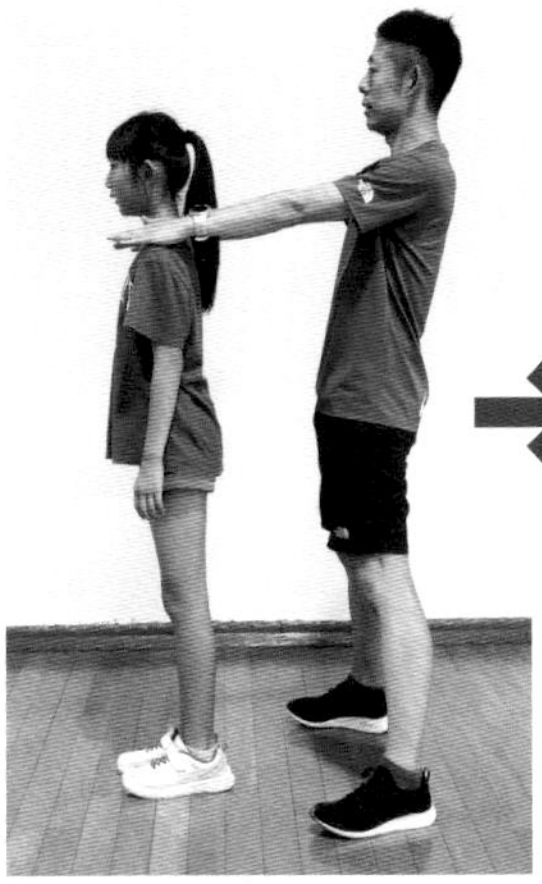

自分よりも背《せ》の高いパートナーに肩《かた》を押《お》さえてもらい連続《れんぞく》してジャンプする。ヒザを曲《ま》げずに弾《はず》もう。

ヒザを曲《ま》げずにカラダを弾《はず》ませる

✖NG

ヒザを曲《ま》げてしまうと、力が地面《じめん》に吸収《きゅうしゅう》されてしまい、弾《はず》む感覚《かんかく》を身《み》につけることができない。

速《はや》く走るだけではなく、なわとびやとび箱《ばこ》を上手に行う際《さい》にも「弾《はず》む感覚《かんかく》」が必要《ひつよう》になります。自分がゴムボールになった気分で軽快《けいかい》にカラダを弾《はず》ませてみましょう。パートナーに後ろから肩《かた》を軽《かる》く押《お》さえてもらい、ヒザを曲《ま》げずに連続《れんぞく》して上下に弾《はず》みます。この動《うご》きを連続《れんぞく》して行うことで、「弾《はず》む感覚《かんかく》」が身《み》につきます。

トレーニング

3

〈弾《はず》む!〉

バランスを保《たも》ってリズミカルに「なわ」をとぶ

なわの動《うご》きに足の動《うご》きを合わせるのではない。ジャンプする足の動《うご》きになわを合わせよう。繰《く》り返《かえ》し行う中でリズムを身《み》につけることができる。

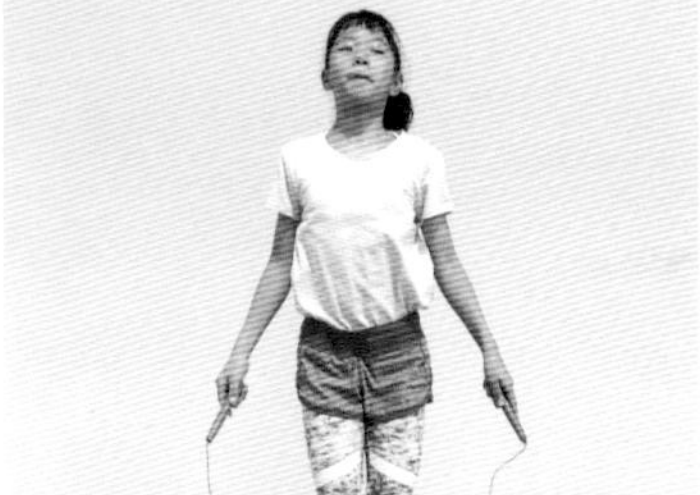

視線《しせん》は正面《しょうめん》に向け、真《ま》っすぐに立った状態《じょうたい》でなわをとぶ。

なわをとぼうとしてはいけません。背《せ》すじを真《ま》っすぐに伸《の》ばした姿勢《しせい》で細かなジャンプを繰《く》り返《かえ》し、そこになわの動《うご》きを合わせるようにしましょう。上手にとべない時は、なわを持《も》たず、まずは細かくジャンプを繰《く》り返《かえ》し行います。リズミカルに細かく弾《はず》めるようになった後、なわをまわす腕《うで》の動《うご》きを加《くわ》えていきます。

〈 STEP.1 〉
その場で小刻《こきざ》みにジャンプ

その場で小刻《こきざ》みにジャンプしてみよう。繰《く》り返《かえ》しカラダを弾《はず》ませることで一定《いってい》のリズムを身《み》につけることができる。視線《しせん》は正面《しょうめん》に向《む》ける。

〈 STEP.2 〉
一定《いってい》のリズムをつくる

パートナーに隣《となり》に立ってもらい、一定《いってい》のリズムで手を叩《たた》いてもらう。これに合わせてジャンプを繰《く》り返《かえ》せば、リズム感《かん》をさらにカラダに宿《やど》すことができる。

〈 STEP.3 〉
片手《かたて》でなわをまわす

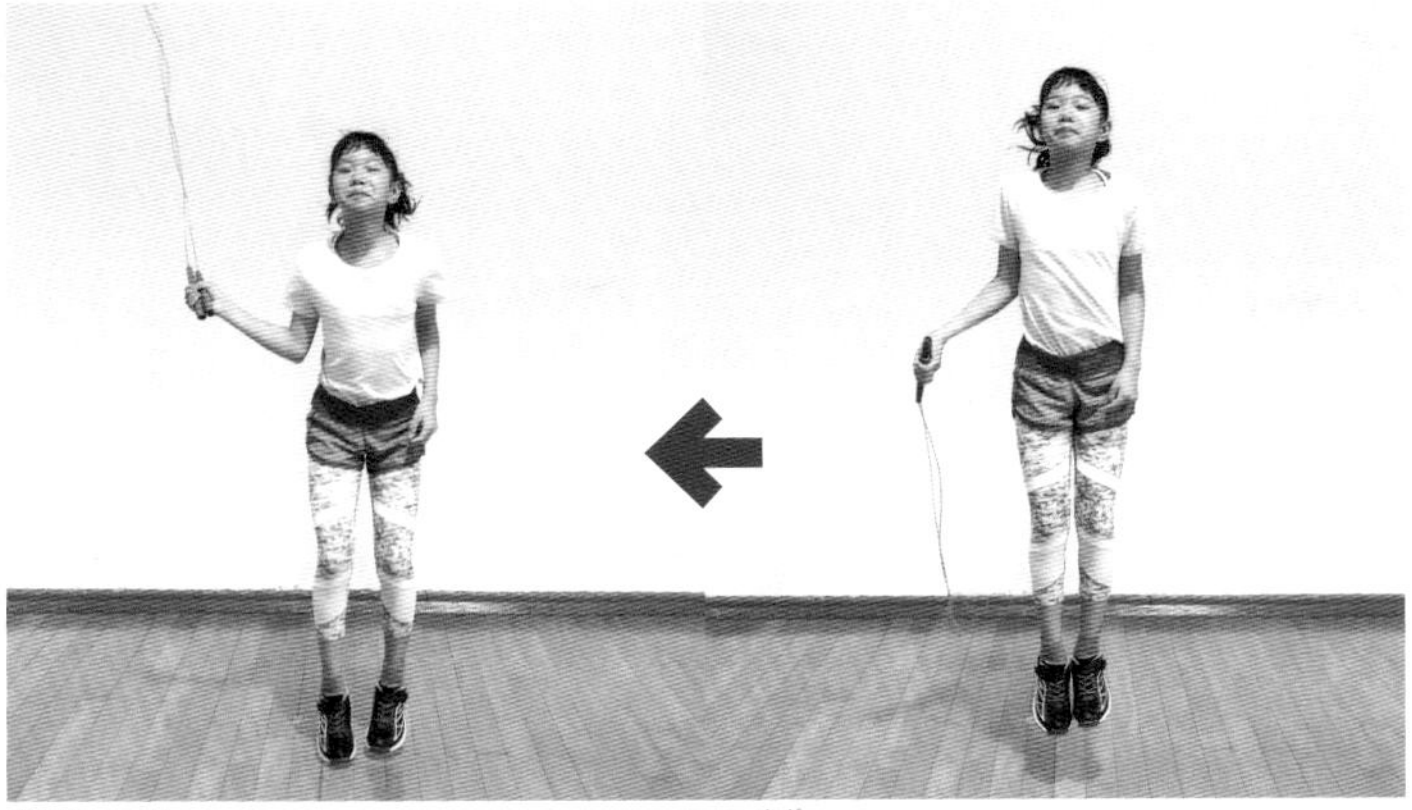

片手《かたて》に持《も》ったなわをまわしながら、小刻《こきざ》みにジャンプする。これが上手にできれば、しっかりとなわをまわすタイミングがつかめている。

〈 STEP.4 〉
実際《じっさい》にとんでみる

ジャンプとなわをまわす手の動《うご》きを合わせて、実際《じっさい》にとんでみよう。

〈 STEP.5 〉
二重《にじゅう》とびに挑戦《ちょうせん》

二重《にじゅう》とびにもチャレンジしてみよう。１回ジャンプする間になわを２回まわしてみよう。

POINT!

まずは、一定《いってい》のリズムで細かくジャンプすることが大切です。これに合わせてなわをまわすと考えましょう。そうすれば力むこともなく、軽快《けいかい》ななわとびができます。なわの長さの調整《ちょうせい》もわすれずに！

トレーニング

4

〈弾《はず》む!〉

「とび箱《ばこ》」を越《こ》えるイメージを養《やしな》う

上手な人の動《うご》きを見て、「とべる!」という感覚《かんかく》を養《やしな》おう!

上手にとべる人の動《うご》きを見る。とび箱《ばこ》を越《こ》える瞬間《しゅんかん》だけではなく、走り出しから、着地《ちゃくち》までをしっかりと目で追《お》うのだ。その動《うご》きを脳内《のうない》にコピーして、「とべる！」イメージを自らの中に抱《いだ》こう。

運《うん》動《どう》において一番大切なのは、「自分が上手に動《うご》けているイメージ」を持《も》つことです。「とべる!」。そう思って動《うご》き出《だ》せば、自然《しぜん》にカラダが反応《はんのう》し上手《うま》く弾《はず》めます。まずは、細かな動《うご》きを考える前に、ポジティブなイメージを抱《いだ》いてみましょう。そのためには、とび箱《ばこ》に慣《な》れ、また上手な人の動《うご》きをしっかりと見てまねることも大切です。

POINT!

まずは、上手にとべる人の動《うご》きを何度《なんど》も何度《なんど》も見ます。細かな部分《ぶぶん》は気にせずに「とべる！」というイメージを自分の中に上手につくりましょう。その後で実際《じっさい》にとんでみます。上手にとべる人の動《うご》きをまねる。これが上達《じょうたつ》への近道です。

〈「とび箱《ばこ》」の上を歩いてとび降《お》りる〉

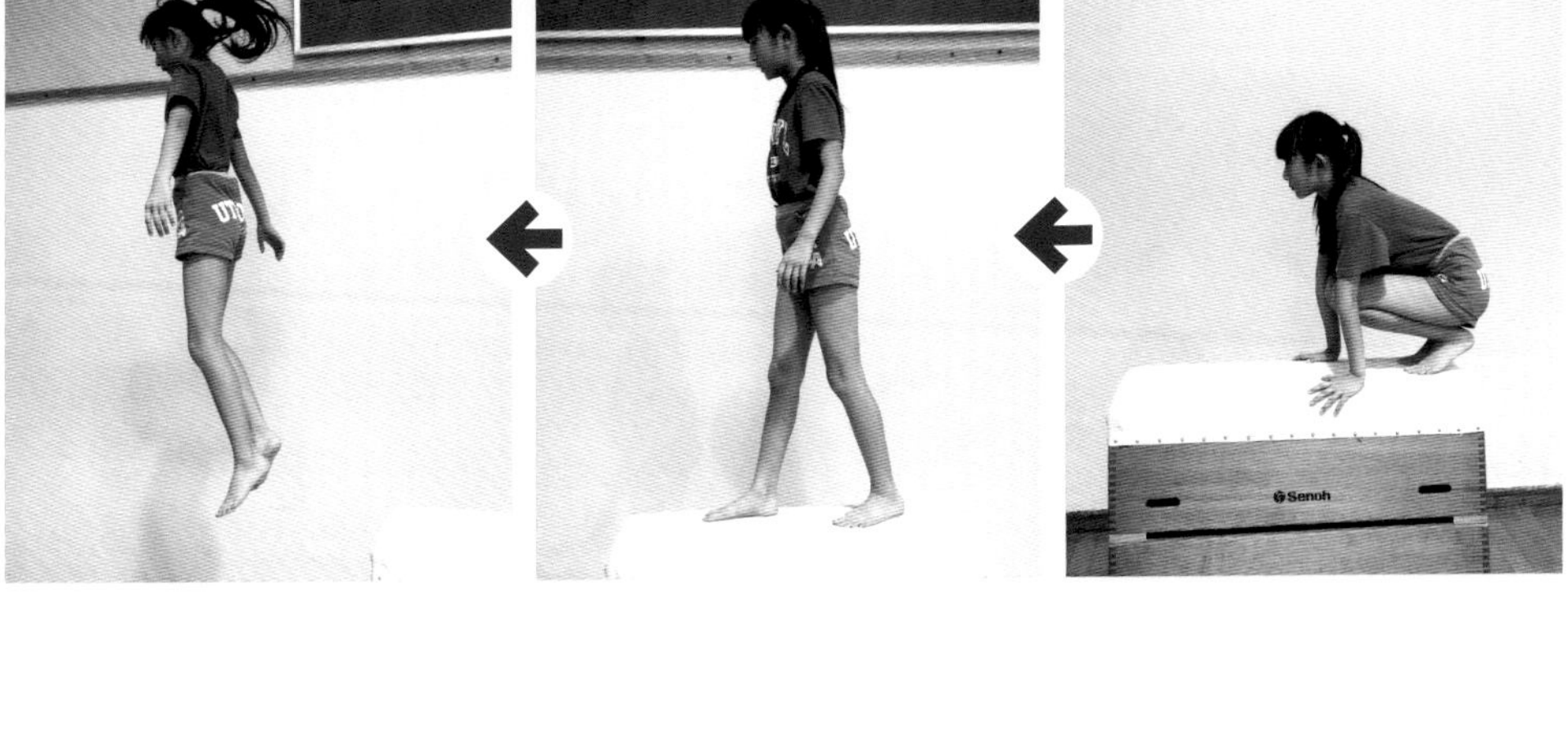

とび箱《ばこ》の上を歩いてみる。その後、ジャンプして着地《ちゃくち》。これを繰《く》り返《かえ》して、とび箱《ばこ》に慣《な》れていこう。

トレーニング

5

〈弾《はず》む!〉

正しい「踏《ふ》み切《き》り」と「手を置《お》く位置《いち》」

弾《はず》んだ後にとび箱《ばこ》に軽《かる》く手をつく

とび箱《ばこ》に手をついてからとぶのではない。踏《ふ》み切《き》ってカラダを弾《はず》ませた直後にとび箱《ばこ》の上に手をタッチさせる。上手に踏《ふ》み切《き》ることによって、軽快《けいかい》にとび箱《ばこ》をとび越《こ》すことができる。

「とべる!」というイメージを持《も》って助走《じょそう》したのに、とべなかったり、とべてもどこか安定《あんてい》感《かん》を欠《か》いた動《うご》きになってしまったりすることがあります。そんな時は、「とび箱《ばこ》に手をつく位置《いち》」と「踏《ふ》み切《き》りが正しくできているか」を確認《かくにん》してみましょう。ちょっとしたことに気づけた時、動《うご》きが大きく改善《かいぜん》されます。

〈手は真《ま》ん中《なか》より前方に〉

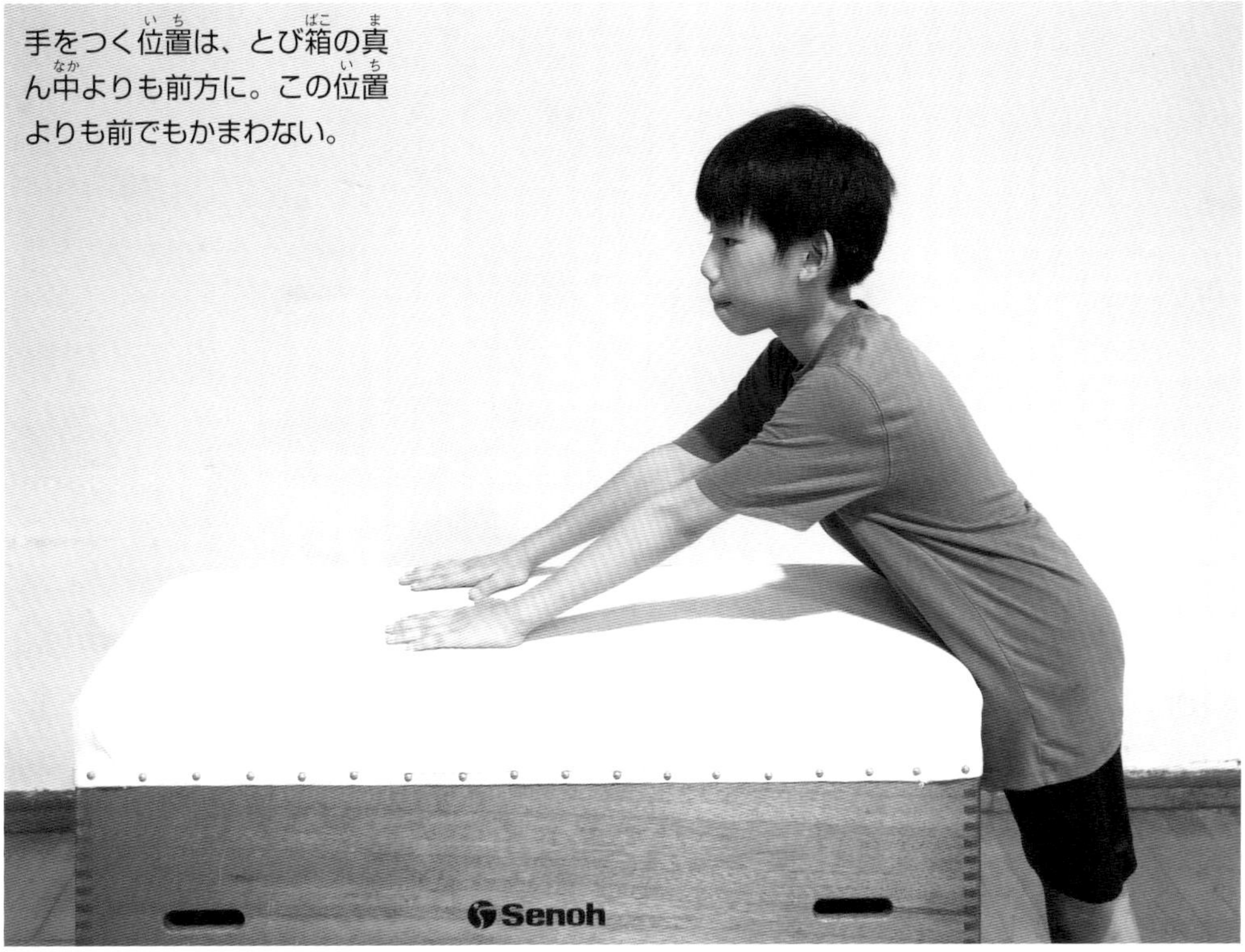

手をつく位置《いち》は、とび箱《ばこ》の真《ま》ん中《なか》よりも前方に。この位置《いち》よりも前でもかまわない。

✕NG

とび箱《ばこ》の真《ま》ん中《なか》よりも手前に手をついてしまうと、とび越《こ》えるのがむずかしい。

✕NG

踏《ふ》み切《き》る前に手をつくことを考えてしまうと、バランスを崩《くず》してしまい、カラダを弾《はず》ませることができない。

POINT!

まずは、しっかりと踏《ふ》み切《き》りカラダを弾《はず》ませます。とび箱《ばこ》に手をつくのは、その後。優先《ゆうせん》すべきは、カラダを弾《はず》ませることです。手をついた後は、腕《うで》の動《うご》きも使《つか》い、足も大きく開いてカラダを前へ前へと乗《の》り込《こ》ませましょう。

〈足は揃《そろ》えて踏《ふ》み切《き》る!〉

両足《りょうあし》を揃《そろ》えて踏《ふ》み切《き》る。助走《じょそう》の勢《いきお》いを保《たも》ったままで、ヒザのクッションも使《つか》ってカラダを弾《はず》ませよう。

トレーニング 6

〈転《ころ》がる!〉

軸《じく》を保《たも》って真横《まよこ》に転《ころ》がる

仰向《あおむ》けに寝《ね》て、両腕《りょううで》を真上《まうえ》に伸《の》ばし手のひらを合わせる。腹筋《ふっきん》に力を込《こ》め、カラダが一本の棒《ぼう》になっているとイメージした後で、ヒザを曲《ま》げないように注意《ちゅうい》しながら右側《みぎがわ》へ回転《かいてん》しよう。**5** の後、左側《ひだりがわ》へも転《ころ》がってみる。

マット運動《うんどう》の前転《ぜんてん》、後転《こうてん》を行う前に、まずは真横《まよこ》に転《ころ》がってみましょう。両腕《りょううで》、両足《りょうあし》を真《ま》っすぐに伸《の》ばしカラダを一本の棒《ぼう》にした状態《じょうたい》から始《はじ》めます。この時に意識《いしき》すべきは、腕《うで》や足ではなく腹筋《ふっきん》。腕《うで》の力、あるいは足の力だけに頼《たよ》って回転《かいてん》しようとするとスムースに動《うご》けません。お腹《なか》に意《い》識《しき》を置《お》いて転《ころ》がります。

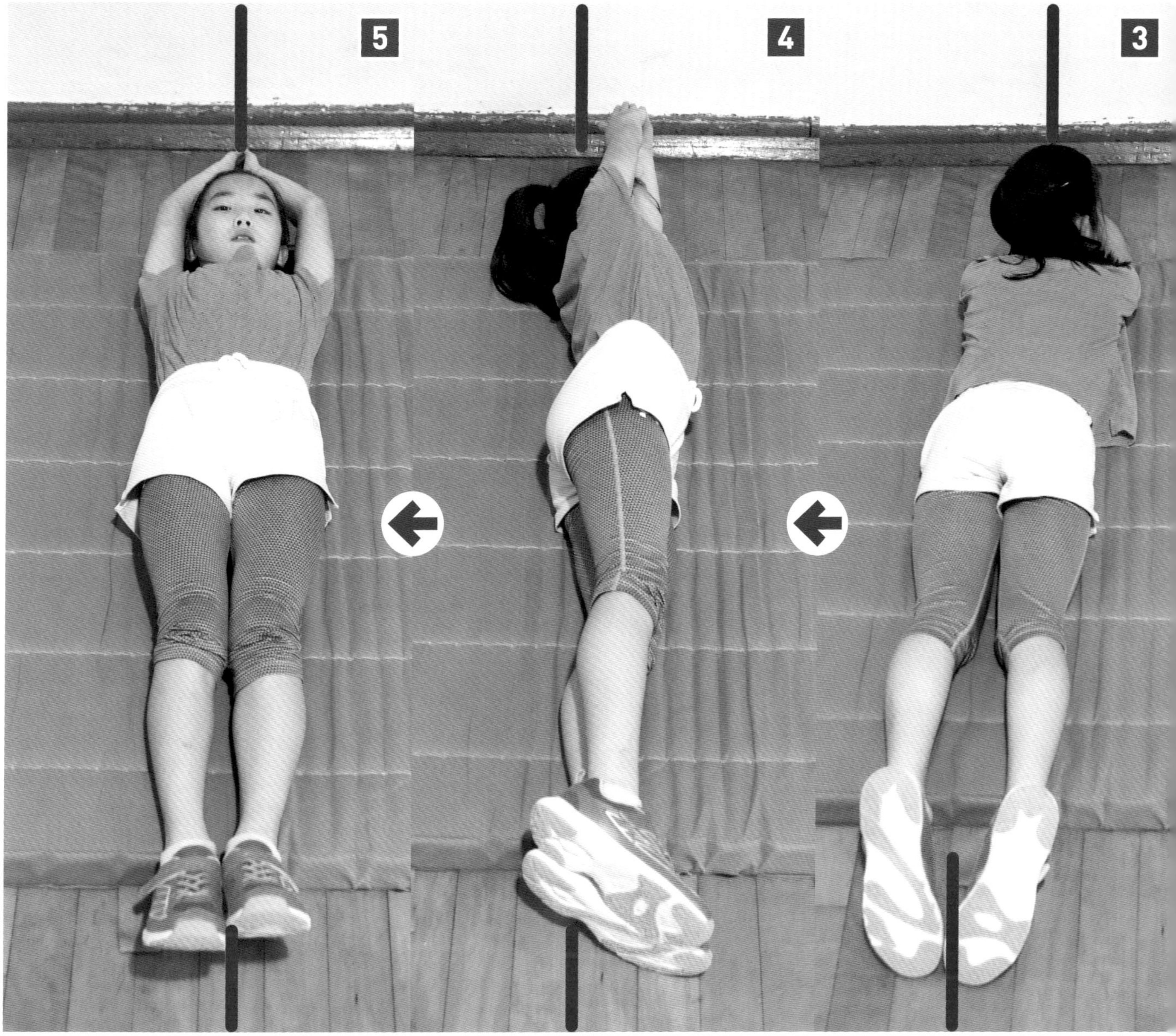

✕NG

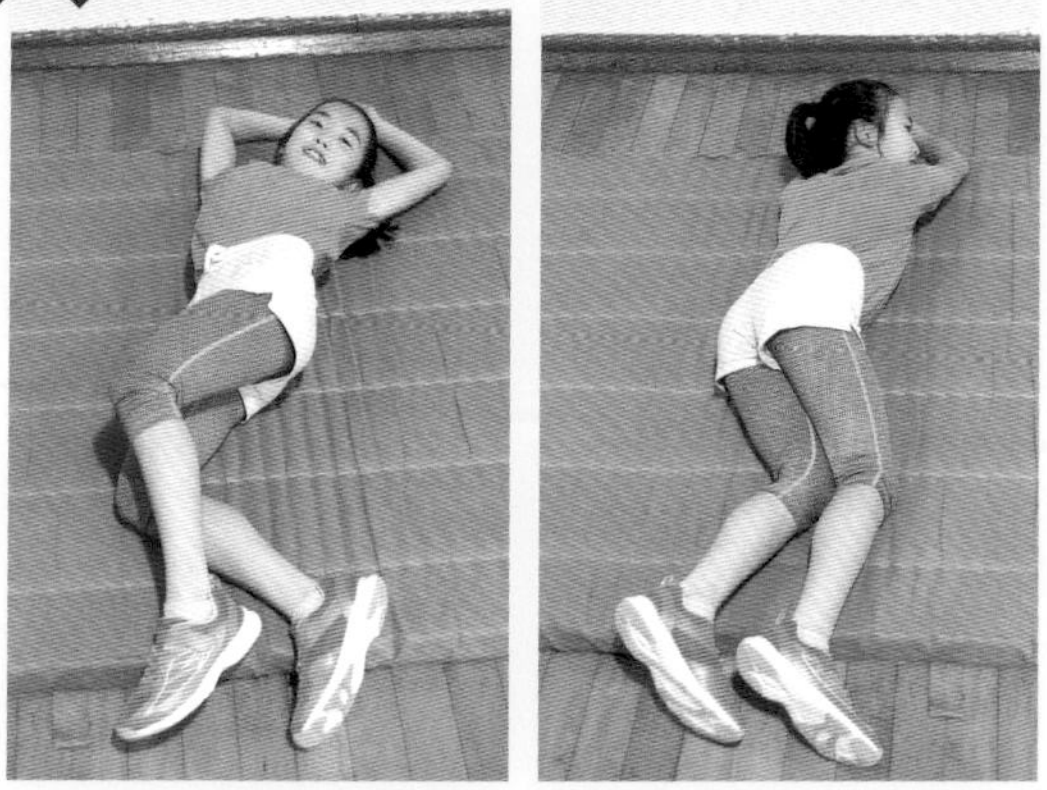

一本の棒《ぼう》になるイメージがつくれずに両《りょう》ヒジ、両《りょう》ヒザを曲《ま》げてしまうと、上半身《じょうはんしん》、下半身《かはんしん》が連動《れんどう》できずスムースに真横《まよこ》に転《ころ》がることができない。

POINT!

指先《ゆびさき》を真《ま》っすぐ上に、つま先は真《ま》っすぐ下に伸《の》ばします。そのうえで、腹筋《ふっきん》に意識《いしき》を置《お》いて動《うご》くことで上手に回転《かいてん》できます。できる限《かぎ》りゆっくりと行い「体幹《たいかん》力」を養《やしな》いましょう。「体幹《たいかん》力」は、さまざまな動《うご》きに活《い》かすことができます。

トレーニング

7

〈転《ころ》がる!〉

カラダを縮《ちぢ》めて前へ転《ころ》がる

マット運動《うんどう》の「前まわり」は、ヒザを曲《ま》げてしゃがんだ姿勢《しせい》から、前へカラダを回転《かいてん》させます。上手に前方回転《かいてん》をするポイントは、できる限《かぎ》り動《うご》きを小さくすること。手足の動《うご》きを必要以上《ひつよういじょう》に気にする必《ひつ》要《よう》はありません。背中《せなか》を丸めてあごを引いた姿勢《しせい》から、頭を前に倒《たお》していくときれいにまわれます。

視線《しせん》をおへそへと向《む》けよう。小さな動《うご》きを心がける!

しゃがんだ姿勢《しせい》から、頭を前に倒《たお》すと同時に両手《りょうて》のひらをマットにつけカラダを前転《ぜんてん》させる。でんぐり返《がえ》しだ。カラダを回転《かいてん》させた後、両腕《りょううで》を広げバランスを保《たも》ちながら立ち上がる。

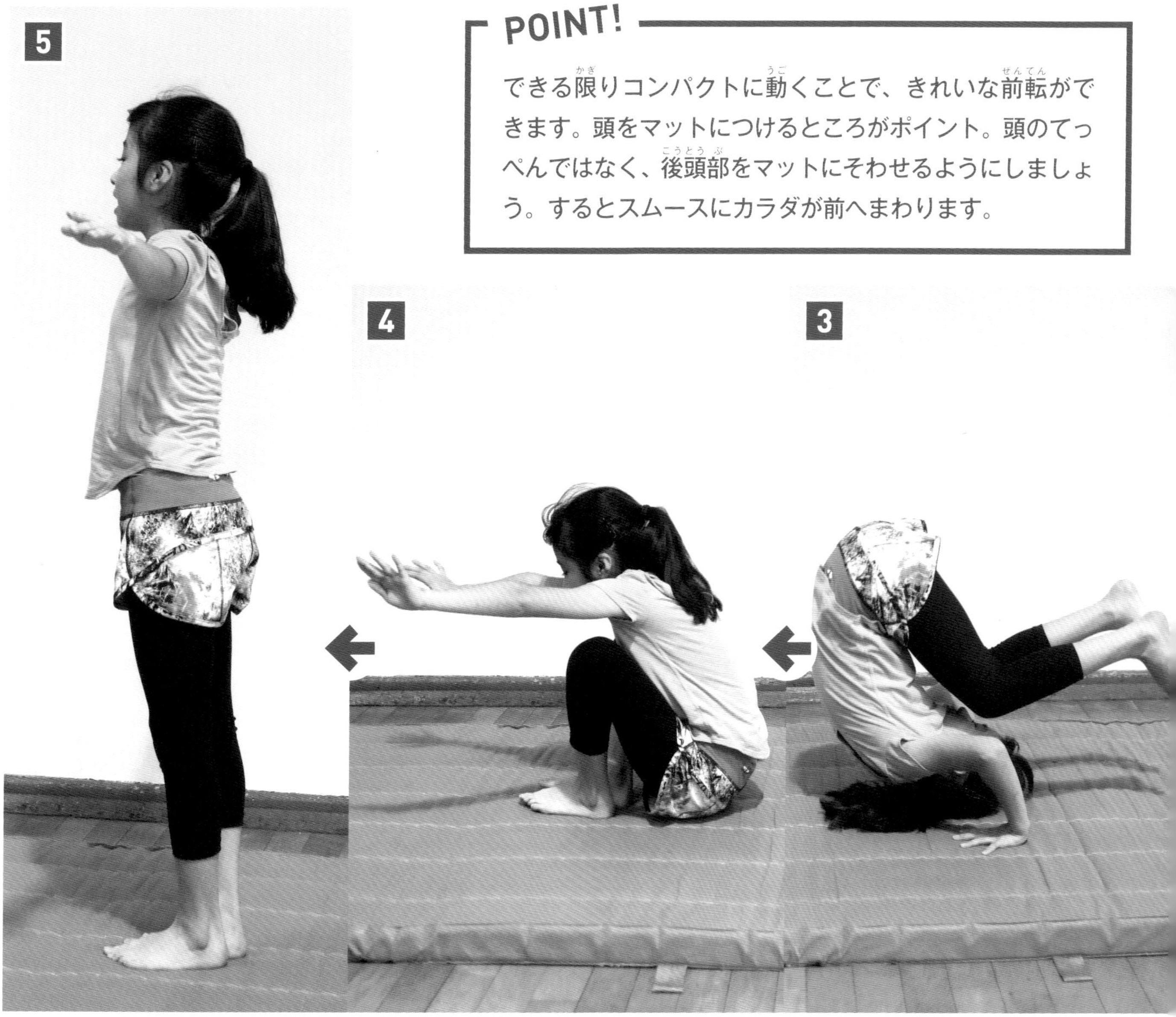

POINT!

できる限《かぎ》りコンパクトに動《うご》くことで、きれいな前転《ぜんてん》ができます。頭をマットにつけるところがポイント。頭のてっぺんではなく、後頭部《こうとうぶ》をマットにそわせるようにしましょう。するとスムースにカラダが前へまわります。

○OK

視線《しせん》をおへそに向《む》け、背中《せなか》を丸めてコンパクトにまわる。

△もうちょっと……

背中《せなか》をもう少し丸めることができれば、もっとスムースにまわれる。

トレーニング

8

〈転《ころ》がる!〉

バランスを保《たも》って後ろへ転《ころ》がる

マット運動《うんどう》において、前転《ぜんてん》は上手にできても後転《こうてん》は苦手《にがて》という人が少なくありません。カラダが左右に傾《かたむ》いてしまうのです。前にまわる時以上《いじょう》に後ろにまわる際《さい》には、体幹《たいかん》の安定《あんてい》が必要《ひつよう》になります。視線《しせん》をおへそに向《む》けて小さな動《うご》きを心がけるとともに、腹筋《ふっきん》をしっかりと意《い》識《しき》して動《うご》きましょう。

コンパクトな動《うご》きで! つま先を進行方向《しんこうほうこう》に向《む》ける

しゃがんだ状態《じょうたい》から、カラダを後ろに回転《かいてん》させよう。ヒジを曲《ま》げ、顔の横《よこ》で手のひらを開《ひら》いた姿勢《しせい》から、おしり、背中《せなか》をマットにそわせていく。❸で、コンパクトな動《うご》きを心がけながら、しっかりとおしりを持《も》ち上《あ》げることが大切。まわりきったところで立ち上がる。

POINT!

あごは引き、ヒザを胸《むね》に近づけ、できるだけコンパクトな状態《じょうたい》で行うとスムースに転《ころ》がれます。つま先をまわる方向《ほうこう》に真《ま》っすぐに向《む》けましょう。つま先の方向《ほうこう》が左右にずれてしまうと、バランスを崩《くず》しやすくなります。

〈スタート姿勢《しせい》をチェック!〉

○OK

○OK

×NG

親指《おやゆび》が耳にふれていてもふれていなくても、ヒジの位置《いち》が床《ゆか》に対《たい》して水平《すいへい》であればOK。
どちらかのヒジが下がっていると、真《ま》っすぐに後転《こうてん》できないので注意《ちゅうい》!

トレーニング

9

〈まわる!〉

「側《そく》転《てん》」にチャレンジしよう

側《そく》転《てん》を行う際《さい》に一番大切なのは、体幹《たいかん》の力を使うことです。腹筋《ふっきん》にしっかりと力を込《こ》めて動《うご》きます。まずは上手にできる人の動《うご》きを見て、イメージを養《やしな》いましょう。カラダを浮《う》かせる動《うご》きですから、怖《こわ》さを感《かん》じることもあるかもしれません。そんな時は、半円の周囲《しゅうい》をまわる動《うご》きから始《はじ》めてみましょう。

POINT!

始《はじ》める前に、一本のラインをイメージしてみましょう。そのラインにそって床《ゆか》に手をつくと真《ま》っすぐにカラダを回転《かいてん》させることができます。また、大きく振《ふ》り上《あ》げる両足《りょうあし》のヒザは、曲《ま》げないように。

右手、左手、左足、右足の順《じゅん》で床《ゆか》につけながらカラダを回転《かいてん》させる。ヒザ、つま先をしっかりと伸《の》ばして動《うご》くと美《うつく》しい孤《こ》を描《えが》ける。

〈最初《さいしょ》は半円の上をまわるイメージで!〉

上手《うま》くできない人は、足を真上《まうえ》に伸《の》ばせなくてもよいから、半円の上をまわるイメージでトライしてみよう。
まずは、上半身《じょうはんしん》と下半身《かはんしん》の連動《れんどう》を養《やしな》う。

トレーニング

10

〈まわる!〉

鉄棒《てつぼう》の基礎練習《きそれんしゅう》&「前まわり」

腕《うで》でカラダ全体《ぜんたい》を支《ささ》える!

真《ま》っすぐに立ち、鉄棒《てつぼう》を順手《じゅんて》で握《にぎ》る。

両腕《りょううで》の力でカラダを支《ささ》えて、足を宙《ちゅう》に浮《う》かせる。

前まわりは、それほどむずかしくありません。鉄棒《てつぼう》にお腹《なか》を当てて前のめりになるだけで、カラダをまわすことができるからです。ただ、この時に大切なのは、しっかりとカラダに軸《じく》をつくること。重力《じゅうりょく》にまかせて前にまわるのではなく、腹筋《ふっきん》に力を込《こ》めて、体幹《たいかん》の動《うご》きを意識《いしき》しながらやってみましょう。

POINT!

鉄棒《てつぼう》を握《にぎ》っているのは手ですが、腕《うで》の力だけに頼《たよ》って回転《かいてん》しようとしてはいけません。また、重力《じゅうりょく》にまかせて上体を前へ倒《たお》れ込《こ》ませるのもNGです。腹筋《ふっきん》に意識《いしき》を置《お》くことを忘《わす》れないようにして、連続《れんぞく》で回転《かいてん》してみましょう。

鉄棒《てつぼう》にお腹《なか》を当ててカラダを前に倒《たお》す。この時、腹筋《ふっきん》にわずかに力を込《こ》める。

お腹《なか》を中心に、カラダを回転《かいてん》させる。

着地《ちゃくち》。この時も腹筋《ふっきん》にわずかに力を込《こ》めておく。

両手《りょうて》両足《りょうあし》で鉄棒《てつぼう》にぶら下がってみる。腹《ふっ》筋《きん》に力を込《こ》めて、この状態《じょうたい》をキープ。鉄《てつ》棒《ぼう》に慣《な》れよう。

前まわりの際《さい》の鉄棒《てつぼう》の握《にぎ》り方《かた》は、順手《じゅんて》の方がやりやすい。

トレーニング 11 〈まわる!〉

「逆《さか》上《あ》がり」にチャレンジしよう

片足《かたあし》を大きくけり上《あ》げ 腹筋《ふっきん》に力を込《こ》めて回転《かいてん》する!

1 スタート姿勢《しせい》。両腕《りょううで》で鉄棒《てつぼう》を握《にぎ》り、視線《しせん》は正面《しょうめん》に向《む》け、わずかにあごを引く。

2 右足を大きく、けり上《あ》げる。

鉄《てつ》棒《ぼう》の逆上《さかあ》がりができるかできないかは、運動能《うんどうのう》力《りょく》だけによるものではありません。カラダの発育状態《はついくじょうたい》とも大きく関係《かんけい》しています。だから、みんなはできるのに自分はできないと焦《あせ》る必要《ひつよう》はないのです。腕《うで》の力だけに頼《たよ》ってカラダを回転《かいてん》させようとしてはいけません。腹部《ふくぶ》に力を込《こ》めること、またけり上《あ》げ動作《どうさ》も大切です。

POINT!

けり上《あ》げる足を一度《いちど》、後方に引いてから動作《どうさ》に入りましょう。これにより勢《いきお》いをつけることができます。また、腰《こし》を落《お》とさないように、腹筋《ふっきん》を意識《いしき》してお腹《なか》と鉄棒《てつぼう》を密着《みっちゃく》させることも大切。お腹《なか》を中心にしてカラダをまわします。

まわりきった状態《じょうたい》。この後、連続《れんぞく》してまわれるように練習《れんしゅう》しよう。

お腹《なか》を鉄棒《てつぼう》に当てて、カラダを「くの字」にしてまわりきる。

脇《わき》を締《し》め、視線《しせん》をおへそに向《む》けてコンパクトにカラダを回転《かいてん》させる。

〈鉄棒《てつぼう》を握《にぎ》る手の幅《はば》は……〉

✕NG

✕NG

○OK

鉄棒《てつぼう》を握《にぎ》る手の幅《はば》は、狭過《せます》ぎても（写真真《しゃしんま》ん中）広過《ひろす》ぎても（写真《しゃしん》左）いけない。胸《むね》を鉄棒《てつぼう》に寄《よ》せやすい幅《はば》（写真《しゃしん》右）で握《にぎ》ろう。

〈握《にぎ》り方《かた》はどちらでもOK〉

鉄棒《てつぼう》の握《にぎ》り方《かた》は、順手《じゅんて》（写真《しゃしん》右）、逆手《さかて》（写真《しゃしん》左）のどちらでも OK。やりやすい方を自分でやってみよう。

＼やってみよう！／

基礎《きそ》体力、運動能力《うんどうのうりょく》を養《やしな》うための体幹《たいかん》トレーニング

遊《あそ》び感覚《かんかく》で「体幹《たいかん》トレーニング」をやってみましょう！
日々、行うと徐々《じょじょ》に基礎《きそ》体力、運動能力《うんどうのうりょく》が身《み》につきます。
1 から順《じゅん》に、すべてをやらなくても大丈夫《だいじょうぶ》です。
興味《きょうみ》を持《も》ったものから、回数も特《とく》に気にせず始《はじ》めてください。
ただし、動作《どうさ》は丁寧《ていねい》に！

1 バウンディングⅠ

その場で小刻《こきざ》みにジャンプを繰《く》り返《かえ》します。高くとび上がることを意識《いしき》する必要《ひつよう》はありません。ヒザを曲《ま》げずに連続《れんぞく》して弾《はず》み、カラダにバネを養《やしな》います。

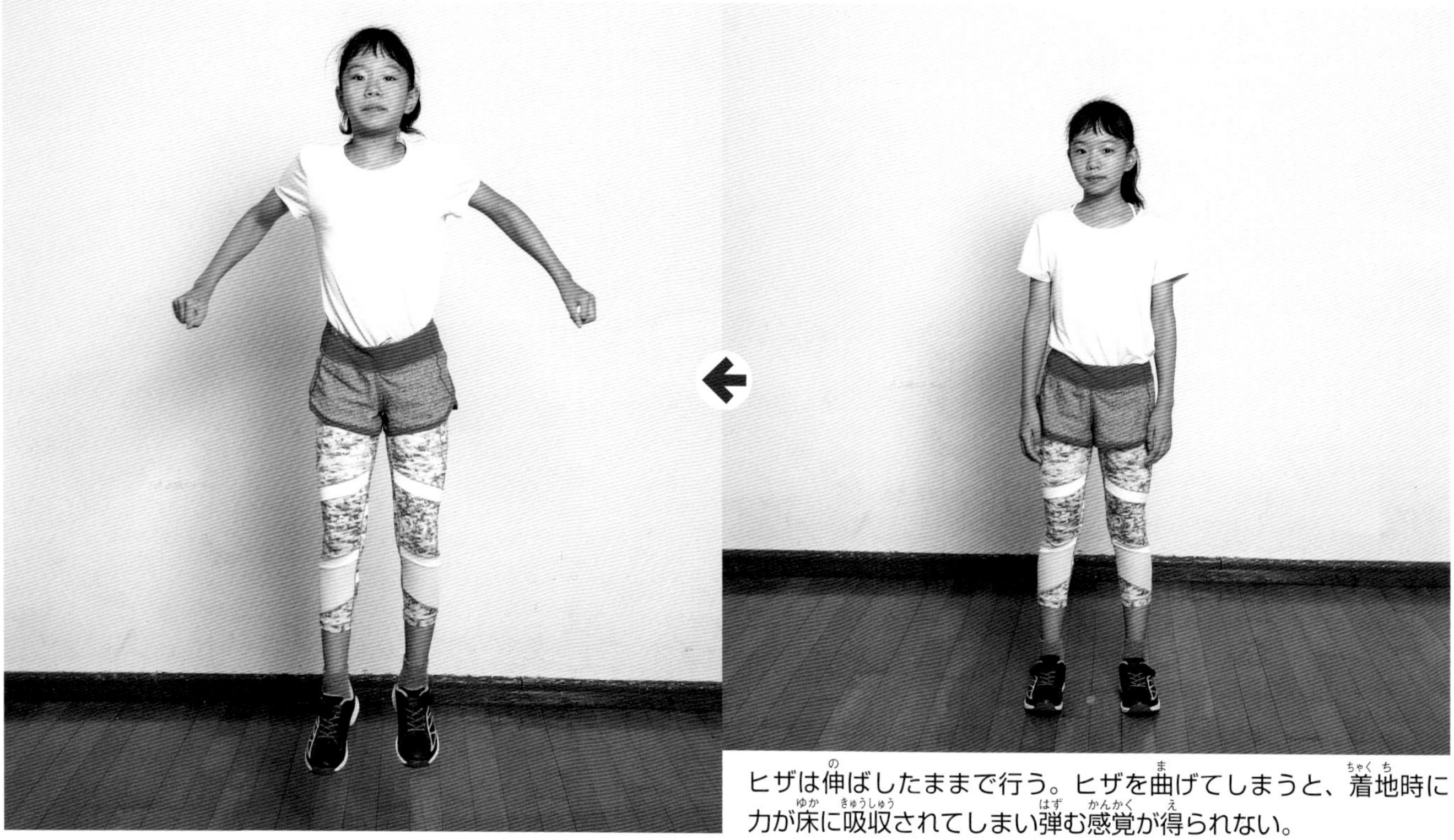

ヒザは伸《の》ばしたままで行う。ヒザを曲《ま》げてしまうと、着地《ちゃくち》時に力が床《ゆか》に吸収《きゅうしゅう》されてしまい弾《はず》む感覚《かんかく》が得《え》られない。

2 バウンディングⅡ

右ページで紹介《しょうかい》した1よりも、ゆっくりと高くカラダを弾《はず》ませます。着地《ちゃくち》時には、わずかにヒザを曲《ま》げ、再《ふたた》び大きくとび上がります。

ジャンプする際《さい》には両腕《りょううで》を後ろに引き、姿勢《しせい》を崩《くず》さないようにする。躍動感《やくどうかん》をもって弾《はず》もう。

3 ダルマさん

床《ゆか》に座《すわ》りヒザを両手《りょうて》で抱《かか》えた姿勢《しせい》から、ゆっくりと後方に転《ころ》がります。背中全体《せなかぜんたい》が床《ゆか》についた状態《じょうたい》で静止《せいし》。その後、再《ふたた》びゆっくりとした動《うご》きで、もとの姿勢《しせい》に戻《もど》ります。

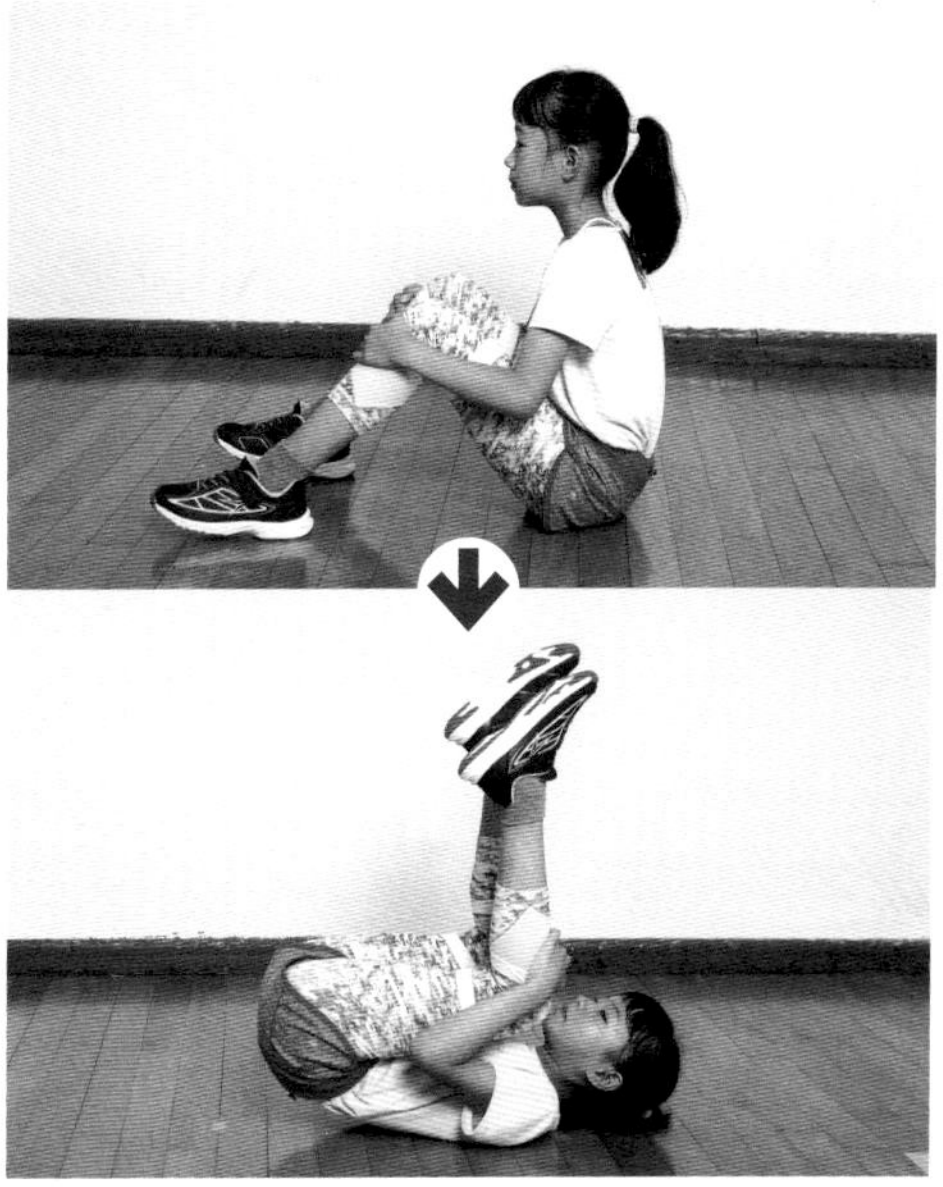

一見すると簡単《かんたん》な動作《どうさ》に見えるが、カラダを起《お》こす際《さい》には腹筋《ふっきん》の力が必要《ひつよう》。しっかりと腹筋《ふっきん》を鍛《きた》えることができる。

4 カカト&おしりタッチ

両手《りょうて》、両足《りょうあし》を床《ゆか》につけた姿勢《しせい》から、ヒザを曲《ま》げて両足《りょうあし》を大きく振《ふ》り上《あ》げます。その後、カカトをおしりにタッチさせましょう。実際《じっさい》にタッチできなくても、最大限《さいだいげん》に近づけます。

まずは腹筋《ふっきん》の力、そして、おしりの筋肉《きんにく》、腕《うで》の筋肉《きんにく》も強化《きょうか》できる。繰《く》り返《かえ》しやってみよう。

〈後ろから見ると……〉

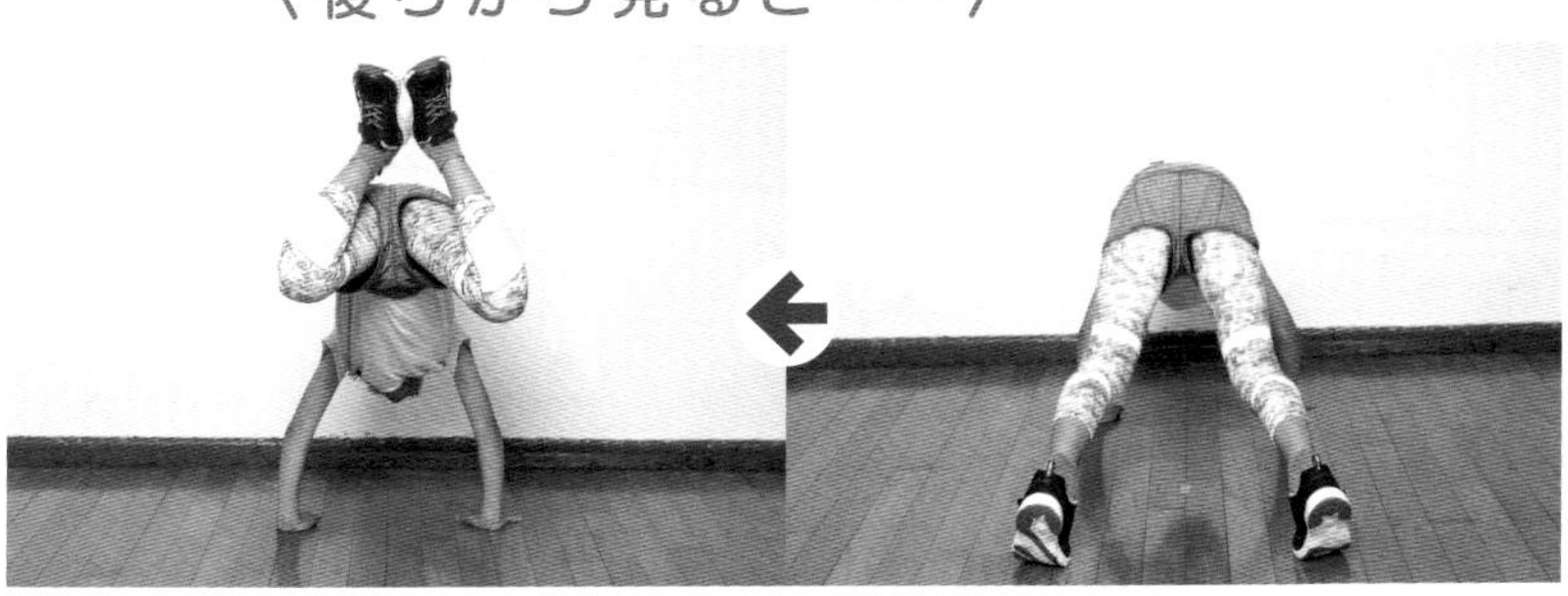

5 つま先タッチ腹筋《ふっきん》

床《ゆか》に仰向《あおむ》けに寝《ね》て、両腕《りょううで》を真《ま》っすぐに頭上に伸《の》ばし、両足《りょうあし》は真上《まうえ》に振《ふ》り上《あ》げます。両足《りょうあし》と腹部《ふくぶ》の角度《かくど》は 90 度《ど》に。この姿勢《しせい》から上体を起《お》こし、指先《ゆびさき》をつま先にタッチさせます。

しっかりと上体を起《お》こして、この動作《どうさ》を繰《く》り返《かえ》す。ヒザは曲《ま》げないように注意《ちゅうい》！
しっかりと腹筋《ふっきん》が鍛《きた》えられる。

6 カカト&おしりタッチジャンプ

真《ま》っすぐに立ち、両腕《りょううで》を後ろに引きながらヒザを曲《ま》げ、真上《まうえ》に高くジャンプします。高くカラダを弾《はず》ませたところで、カカトとおしりをタッチさせましょう。

視線《しせん》は正面《しょうめん》、あるいは、わずかに斜《なな》め上《うえ》に向《む》け繰《く》り返《かえ》し行う。跳躍《ちょうやく》力、体幹《たいかん》力が身《み》につく。

＼やってみよう！／

基礎《きそ》体力、運動能力《うんどうのうりょく》を養《やしな》うための体幹《たいかん》トレーニング

7 アニマルステップ

両手両足《りょうてりょうあし》を交互《こうご》に前に進《すす》めます。リズミカルにやってみましょう。腹筋《ふっきん》の力を養《やしな》うと同時に、上半身《じょうはんしん》と下半身《かはんしん》の連動《れんどう》を身《み》につけることができます。

8 対角《たいかく》ステップ

両手《りょうて》、両足《りょうあし》を開いてうつ伏《ぶ》せになった姿勢《しせい》から、[右腕《みぎうで》と左足] と [左腕《ひだりうで》と右足] を交互《こうご》に上下させます。体幹《たいかん》力と同時にコンビネーション能力《のうりょく》が養《やしな》えます。

9 グー&パー

真《ま》っすぐに立ち、腕《うで》と足それぞれをクロスさせた姿勢《しせい》（グー）から躍動感《やくどうかん》をもって動き、両腕両足《りょううでりょうあし》を開《ひら》きます（パー）。グー、パー、グー、パー……繰《く》り返《かえ》しやってみましょう。

著／**近藤隆夫**(こんどう・たかお)

1967年1月生まれ、三重県松阪市出身。上智大学文学部在学中からスポーツ誌の記者となる。その後、専門誌の編集長を歴任し、海外生活を経てスポーツジャーナリストとして独立。プロスポーツから学校体育の現場まで幅広く取材・執筆活動を展開、テレビのコメンテーターとしても活躍している。『グレイシー一族の真実』(文藝春秋)、『プロレスが死んだ日。』(集英社インターナショナル)、『運動能力アップのコツ』『伝説のオリンピックランナー〝いだてん〟金栗四三』『柔道の父、体育の父 嘉納治五郎』(以上、汐文社) など著書多数。

協力／**前波卓也**(まえなみ・たくや)

1979年7月生まれ、茨城県出身。コンディショニングトレーナー。日本スケート連盟フィギュアスケート日本代表の強化トレーナーを務めた経験があり、ジュニア期のトレーニング指導には定評がある。『v-conditioning studio』主宰。著書に『1人でできるスポーツマッサージ&ストレッチ』(マイナビ) がある。

撮影	真崎貴夫
撮影モデル	黒澤舞夏
	小林里緒
	近藤一葉
	佐藤汰月
	佐藤瑠生
	徳山瑛太
	吉田真優
デザイン	平田治久
シューズ提供	アキレス株式会社
協力	四谷デッサン会
編集担当	門脇大

キミも運動ができるようになる

2 なわとび、とび箱、鉄棒 ほか

2020年2月 初版第1刷発行

著	近藤隆夫
発行者	小安宏幸
発行所	株式会社汐文社
	〒102-0071
	東京都千代田区富士見1-6-1
	TEL 03-6862-5200 FAX 03-6862-5202
	https://www.choubunsha.com/
印 刷	新星社西川印刷株式会社
製 本	東京美術紙工協業組合

ISBN978-4-8113-2696-2